Armin Elhardt

Mit Karl Eugen im Feuchtgebiet

Als Schillers Fritz noch Schulbub war

Dschingis Khan und die Philosophie

für
Karl Napf
herzlich
Armin Elhardt
24. Juni '09 im Bohnencafé

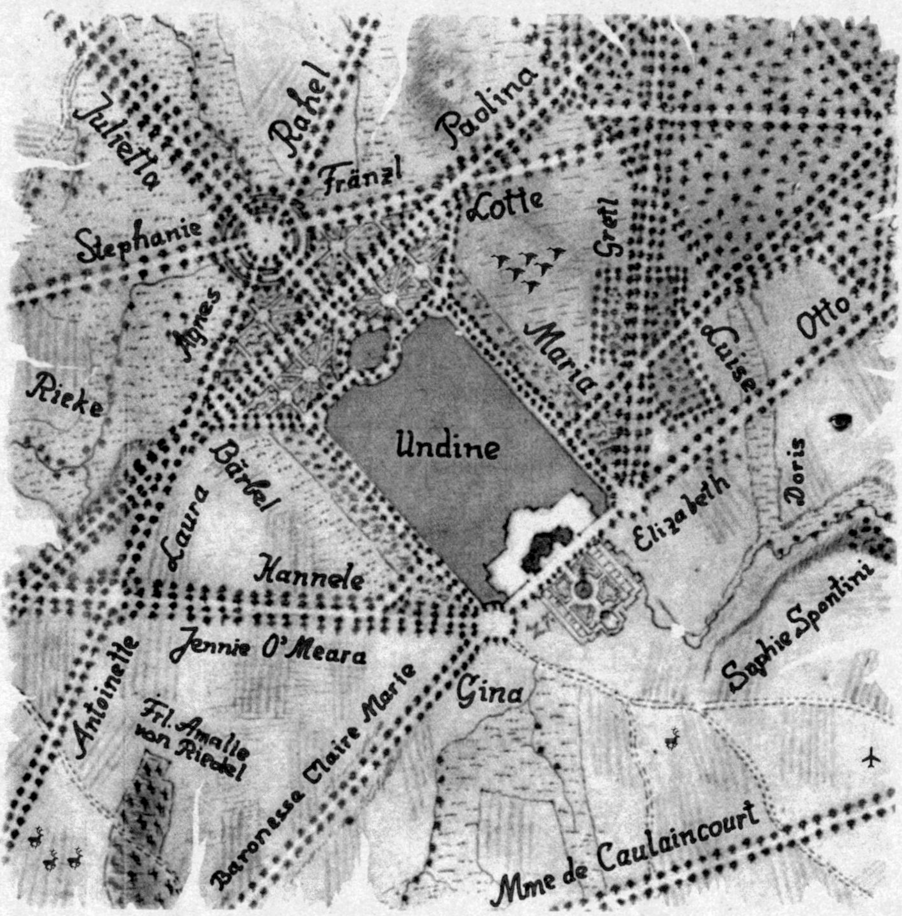

»Charte privée« des Herzogs Karl Eugen

Fasan auf Spätzle

Nimm einen gebratnen Fasan
und tu denselben
auf eine große Portion
handgschabte Spätzle.

K. E.

Aus dem „ReceptenBuch" des Herzogs Karl Eugen

Mit Karl Eugen im Feuchtgebiet

Als Stuttgart noch bei Ludwigsburg lag

Zuweilen trieb er's ganz schön toll, der aus Brüssel gebürtige Herzog. Unbekümmert, wenn auch nicht mühelos, setzte er die Tradition der Alleinherrscherei fort. Zu dieser recht einsamen Regierungsform gehörten wie selbstverständlich Verschwendung, Laster und notorische Großmannsucht. Die hierfür notwendigen Attribute der Wollust, Willkür und Menschenverachtung brachte der Landesherr Karl Eugen standesgemäß mit.

Doch Ausschweifungen strengen an. Arg sogar. So das gestrige Fest mit Feuerwerk und Maskenspiel. Nach nur fünf Minuten war eine halbe Tonne Gold am Himmel ebenso verpufft wie seine Spielfreude an den drei Mädels aus Venedig. Aber das sollte ihm erst mal

einer nachmachen! Und dann dieses leidige Protokoll: Heut abend das Gespräch mit den Architekten, morgen Empfang der Mozarts – Vater und Wunderknab – und tags drauf schon wieder Treibjagd am Bärensee. Ach, zuweilen sehnte er sich sehr nach Ruhe. Ein kleines Schlössleinchen an einem *petit lac* vielleicht, nicht allzuweit von der Residenz... – Genau, das war's!

Er hob die Hand, ein Heiducke huschte heran, erhielt die Order: „Sag der Farinella, wir reiten aus! Sie accompagniert mich in einer Stund. Leibwache 20 Mann; Abstand dreimal hundert Fuß. Für mich die brave Stute und – *écoute*! – einen weichen Sattel. Nun ab. *Vite, vite*!"

Eine sanfte Unterlage schien ihm notwendig, da er am Gesäß ein Leiden verspürte, das 160 Jahre später der Sprach- und Problemforscher Karl Valentin den „Hyazinthen" zuschrieb.

„ÈCCOMI, DUCE. Ihr wollen spielen bei Tag und machen mir ein Präsent? LAVORO...

Gina de Farinella war eine begabte Kurtisane, deren Reitkünste Karl zuvor schon schätzen gelernt hatte. Seit einigen Stunden stand respektive lag sie in seiner Gunst ganz oben. Eine zuweilen störende Wissbegierde sah er ihr gerne nach.

„Nein, Gina, du arbeitest nicht nur nachts. Und denk dran: Hier spricht man deutsch, *ma chère*! – Hör mal, wir schreiben 1763, und nächstes Jahr will ich mir ein Lustschloss erbaut wissen. Wir suchen jetzt einen kommoden Bauplatz, klar?"

„Si. Aber warum jetzt, und wann wir kommen wieder zurück? Meine Frisur..."

Der Herzog überging Ginas Unart, zwei Fragen auf einmal zu stellen, und bestieg sein Pferd über den Rücken des auf allen vieren kauernden Stallmeisters.

In leichtem Schritt ging's durch den „Hudewald", vorbei am Blickfang „Favorite", linker Hand das Jägerhaus über den Grund zum Heutingsheimer Teich. Der Tag zeigte sich in gepuderten Pastelltönen aus warmem

Licht, der Landesherr eher nachdenklich. Gina wurde nicht müde, ihre Doppelfragen zu stellen.

„Was es heut geben in die Opera und was zum Essen?“ – „Wie heißen das Kuchen mit Locken in Teig, und warum Ihr seid so still?“

Der Herzog antwortete stets knapp: „Orlando di Lasso.“ – „Fasan auf Spätzle.“ – „Hefezopf.“ – „Ich habe Wehweh.“ Das hatte er. Und es erschwerte die Namensfindung für sein zukünftiges *palais de plaisir*.

Nun waren sie durch die Sumpfwiesen des anmoorigen Geländes an einem Bach angelangt. Ringsum geilten Grünzeug, Geschmeiß und Gelbbauchunken. Das Plätzchen hatte etwas Animierendes. Ruhe sowieso. Nur wie nennen?

Ginas Worte störten seine laichenden Gedanken: „Diese weichen Bodengrunde mit Gras wie Pelz und aqua hier, aqua da: Wie heißen das in deutsch, und wo Ihr haben Wehweh?“

Die Antwort Eugens kam kurz und fast barsch: „Moore. – Po.“

Kröte,
Singular
und
Plural.

Kröten,
nur im
Plural.

Er wiederholte die Silben, mehr für sich, und nun verzog ein Lächeln das Gesicht des Regenten. Für einen Moment trug es den Ausdruck der Wechselkröte, die gerade im Unterholz verschwand. Sechs Monate später legte man dort den Grundstein zum Seeschloss *Monrepos*.

Das glaubt wieder kein Schwein, aber so steht's in der Chronik des alten Schlossverwalters, der quasi zur Wahrheit verpflichtet war.

Und heißt quasi nicht soviel wie „soviel wie"?

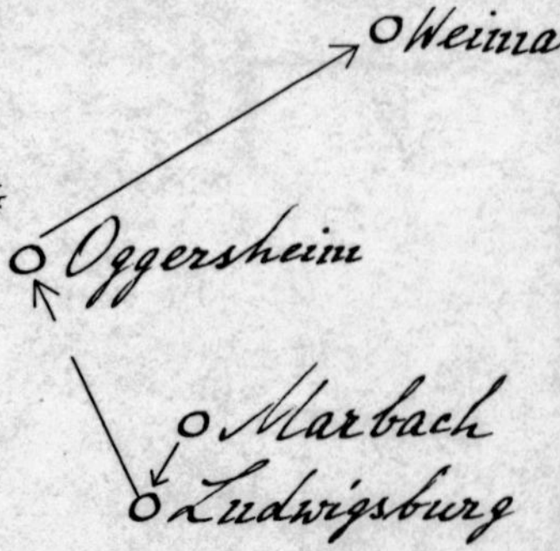

Als Schillers Fritz noch Schulbub war

Jährlich gehen etwa 350 000 Leute ins Ludwigsburger „Forum“, und sie kommen auch wieder heraus. Das weiß doch jeder. Unbekannt hingegen ist die Tatsache, dass Friedrich Schiller um ein Haar viel länger als sieben Jahre in der Garnisonsstadt geblieben wäre; als 20jähriger hätte er – das ist so gut wie sicher – in der evangelischen Kirche geheiratet und wäre nach 2 ½ Jahren unglücklicher Ehe nach Tilsit, Oklahoma, ausgewandert. Unser Tragöde vom Neckar verließ aber das „schwäbische Potsdam“ vorzeitig per Emigration über Oggersheim nach Thüringen.

Und so steht das große Amerika-Einwandererdrama aus der Hand eines deutschen Klassikers immer noch aus. Nicht aber die Antwort auf die Frage, *was* denn nun Schiller aus Ludwigsburg trieb.

Mit dem Wunsch auszuwandern verband Schiller eine Namensänderung: ein einziges Strichelchen durchs **c** sollte aus ihm einen Mister Sehiller machen.

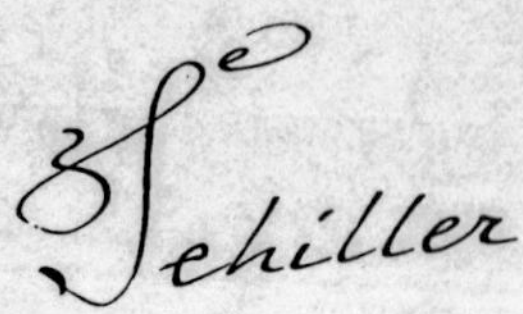

Es war nicht der hektische Kutschenverkehr am Stern[1], nicht der behäbige Service in den zahlreichen Soldatenschenken[2], auch nicht das Gebrälle der Marktleute[3] oder die nächtlichen Krawalle im Täle[4].

All dies liebte er, all dies floss in sein Werk. Nein, dies war es nicht, sondern das: Es ist Freitag im Jahre 1772, kurz nach halb eins. Gerade kommt Fritz, 12 Jahre alt, hoch erleichtert aus der ungeliebten Schule. Die geist- und herzlose Erziehung der pedantischen Lehrer war heut wieder mal zum Kotzen. Ein hübsches Wort... – es entwickelte beim Zermurmeln den süßen Geschmack von Rache. Aber fast zwanghaft übersetzte er's gleich ins lateinische „spuere" und konjugierte es im Aktiv durch.

---

[1] "Stern" als Metapher für Ludwigsburg in Wallenstein V, 5; Vers 3616 f.: „Ein naher Feind, ein Unhold lauert hinter / Den Strahlen deines Sterns"

[2] vgl. „In Auerbachs Keller": Schillers Beitrag zu Goethes Faust

[3] Wilhelm Tell, III, 3; Vers 8: „ 's war doch sonst wie Jahrmarkt hier."

[4] vgl. „Die lustigen Weiber von Windsor" (fälschlicherweise Shakespeare zugeschrieben)

Doch nun freute er sich aufs Essen. Das war ihm das Schönste am Heimweg: Maultaschen in der Brüh, das Apfelmus danach mit Zimmet und Zibeben! Eigentlich mochte er die gar nicht, aber sie eigneten sich trefflich zum Weitspucken. Bald würde er darin seinen Freund Chris übertreffen, der immer mit Welschkorn übte und deshalb „Körner“ genannt wurde.

Etwa 10 Dragonerschritte vor dem Kastanienbaum am Ende der Seitenstraße – dort wo heute morgen der Zebrastreifen erneuert wurde (das Weiß der Plastikfolie zeigt einen Stich ins Bahamabeige) – dort also blieb er stehn und schob sich ein ausgeborgtes Maiskorn in den Mund. Der rote Schopf sank in den Nacken, die Knabenlunge füllte sich, blähte die sommersprossigen Wangen und schoss – oh Himmel, fast platzte Schiller der Kragen! – das eingespeichelte Korn in Richtung Baum! Just in dem Moment bog ein Herr um die Ecke.

Der Zungenschuss hatte Wucht, Drall und Weite, traf aber nicht den anvisierten Stamm, sondern ein Auge seines Lateinlehrers.

a) Spuckstellung beim Menschenkind; b) dasselbe beim erwachsenen Pferd.

„Verdammter roter Teufel!“ zeterte dieser et zetera et zetera.

Fritz stand zunächst wie erstarrt. Doch statt sich nun zu entschuldigen, bat er in wirren Worten sein Opfer, ihm die Flugweite des Geschosses zu bestätigen. Das gab dem Pädagogen den Rest: „Verruchte, verheerte Seele! Du bist dieser Stadt nicht würdig! Ich fluche dir: hinweg, hinweg! Hau doch ab nach drüben!“

Er wies in Richtung Bärenwiese, meinte aber mindestens Marbach, vielleicht auch Jena, wahrscheinlich aber Weimar. Denn dort erfüllte sich der Fluch. Der junge Schiller nahm sich die Verwünschung des Altphilologen so sehr zu Herzen, dass er kurz darauf hastig zu Mittag aß, aufs Zibebenwettspucken mit Freund Körner verzichtete und knapp 34 Jahre später in Weimar verstarb.

Im Schreibepult des verstoßenen Dichters fand sich, neben faulen Äpfeln, ein in Kastanienharz eingeschlossenes Maiskorn.

Dschingis Khan und die Philosophie

Dschingis Khan kam eines Morgens aus dem Badezimmer seiner Jurte gestürzt und rief, Schaum zwischen den Zähnen, seinem Volk zu: „Mongelo dschandi gischi gong khando!", was keiner verstand, aber man spricht auch nicht mit der Zahnbürste im Mund.

Was er sagen wollte – und nur darauf kommt es an – war dies: „Tschendo dendo dangele da, ha kondhe mundschi, khando mi sa!"

Ein Gedanke, der sich später bei Kierkegaard[1] findet und, weniger klangvoll, im Morsealphabet.

---

[1] „Das Selbst ist ein Verhältnis, das sich zu sich selbst verhält, oder ist das am Verhältnis, dass das Verhältnis sich zu sich selbst verhält."

DSCHINGIS „TEMUDSCHIN“ KHAN

* um 1155 oder 1167
† 18.8.1227
siegreich im Kampf gegen die
Naiman
Tanguten
Uiguren
Kin
Choresmier
Karluken
Kumanen
und die Karies.

Schild aus 50er Emaille, gefunden in der Bronx.

Der Traum des Herzogs (collage *computer aided art*)

Gültig bis Ende	Monat	Jahr	Monat	Jahr	Monat	Jahr	Merk-zeichen	
	09	1771						

Versorgungsamt Tübingen

Sondervermerke des Landes

Schwerbehindertenausweis

für Eugen
(Familienname)

Karl, Herzog
(Vornamen)

geboren am: 11. Februar 1728

Eingeschränktes Reitverbot wg.
morbus hyacinthus

Professor der vergleichenden Anatomie

6/973 815

Az:

Stuttgart, den 29. April 1765

Karl Eugen

Im Auftrag J. Fr. Consbruch

Ausstellende Behörde, Unterschrift

Versorgungsamt Tübingen

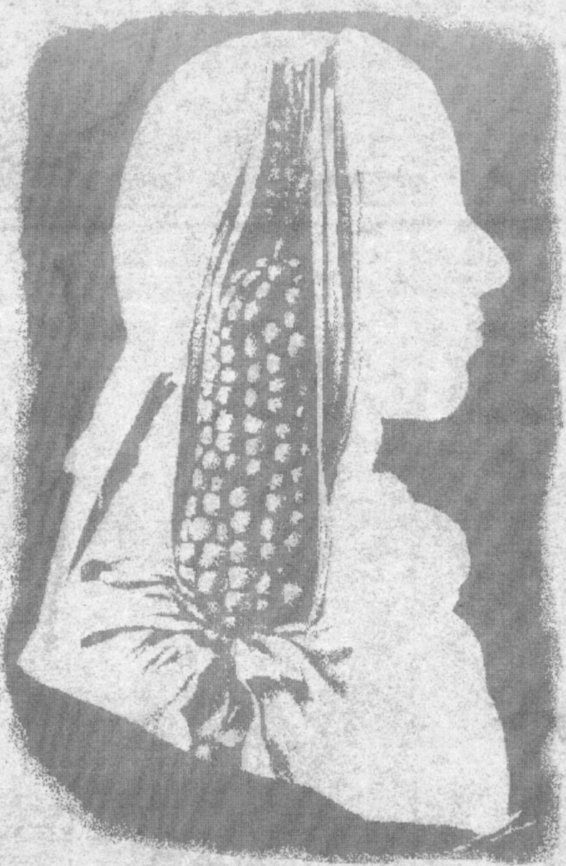